侯馬盟書選編

侯马盟书文化研究会 编

文物出版社

图书在版编目（CIP）数据

侯马盟书选编 / 侯马盟书文化研究会编 . —北京：
文物出版社，2020.11

ISBN 978-7-5010-6007-8

Ⅰ . ①侯…　Ⅱ . ①侯…　Ⅲ . ①侯马盟书　Ⅳ .
① K877.5

中国版本图书馆 CIP 数据核字（2020）第 115759 号

侯马盟书选编

编　　者：侯马盟书文化研究会
封面题字：李朝旗

责任编辑：张　玮　张晓悟
封面设计：程星涛
责任印制：苏　林

出版发行：文物出版社
地　　址：北京市东直门内北小街 2 号楼
邮　　编：100007
网　　址：http://www.wenwu.com
邮　　箱：web@wenwu.com
经　　销：新华书店
印　　刷：河北鹏润印刷有限公司
开　　本：889mm × 1194mm　1/12
印　　张：4 $\frac{2}{3}$
版　　次：2020 年 11 月第 1 版
印　　次：2020 年 11 月第 1 次印刷
书　　号：ISBN 978-7-5010-6007-8
定　　价：25.00 元

编委会

竺都敢不閛其腹心以事其宗而敢不盡從嘉之明定宮平陭之命而敢或
𢿢改助及奐卑不守二宮者敢有志復趙尼其孫子于晉邦之地者及群嘑
覛之麻𡔷非是

一：〇七 纵一九五毫米

胡敢不閛其腹心以事其宗而敢不盡從嘉之明定宮平時之命而敢或𢻱改助
及奐卑不守二宮者而敢有志復趙尼及其子孫于晉邦之地者及群嘑
明者盧君其明亟閱之麻夷非是

一：九 纵一八五毫米

不閑其腹心以事其宗而敢不盡從嘉之明定宮平陟之命而敢
或敱改助　卑不守二宮者而敢有志復趙尼及其子孫于晉邦之地
者及群嘑明者　盧君其明亟見之麻臺非是

一：一六　纵一七八毫米

喜　闢其腹心以事其宗而敢不盡從趙
明定宮平陊之命而敢或鼓改助及奐不
二宮者而敢有志復趙

一：二四　纵一七五毫米

敢不閛其腹心以事其……之明定宫平畤

之命而敢或敳改……不守二宫者而

一：三〇　纵一九〇毫米

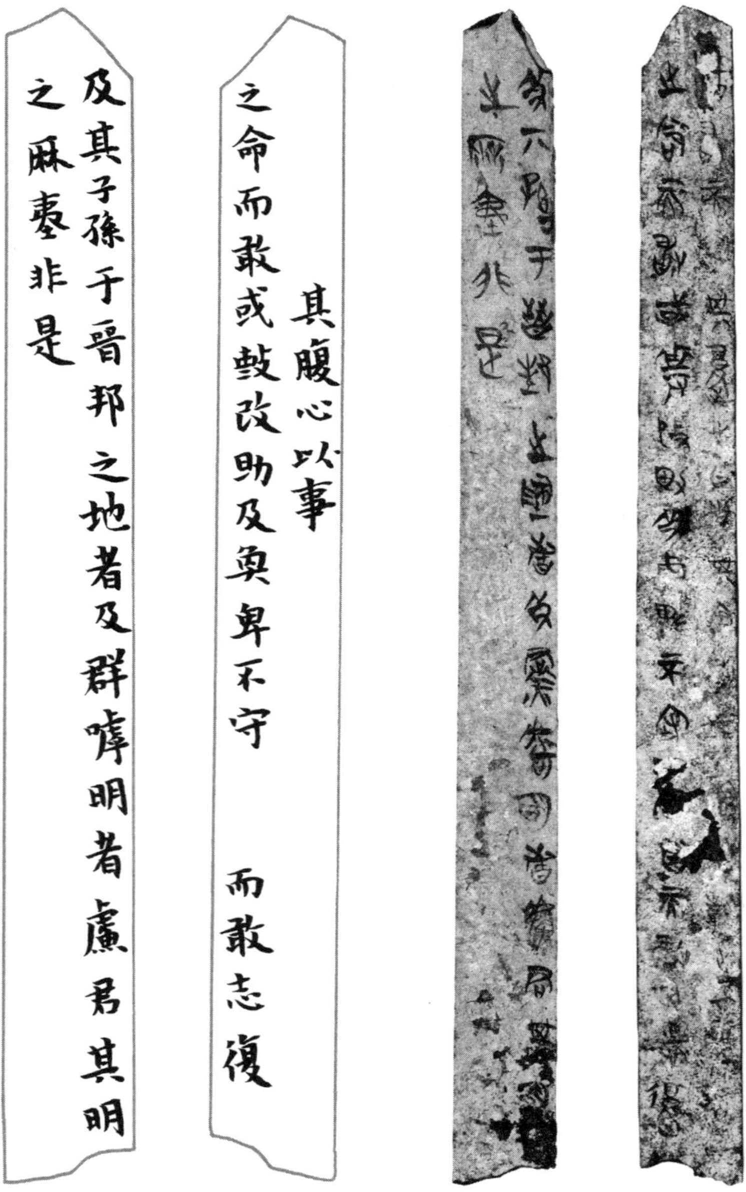

一：三三　纵一六一毫米

史敺䍃敢不侑閛其心以事嘉而敢不盡從嘉
之明定宮平陟之命而敢或𢾊改助及奐卑不守

一：四〇　纵一四〇毫米

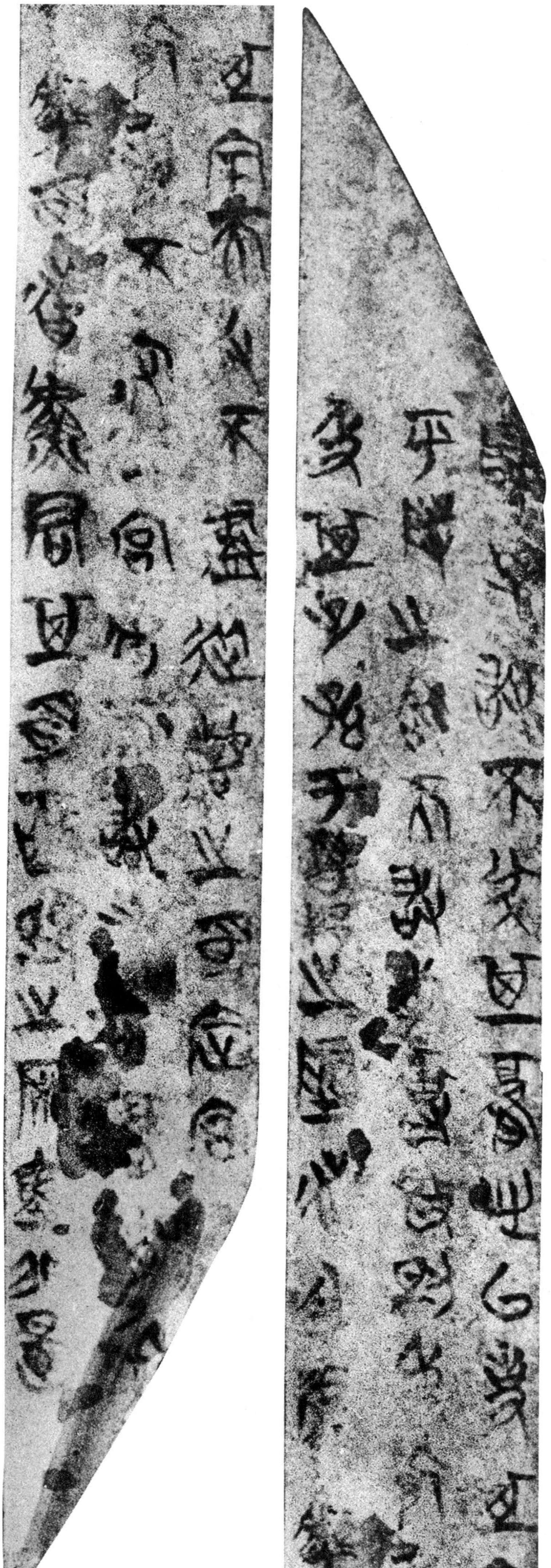

歸父敢不閛其腹心以事其宗而敢不盡從嘉之明定宮
平時之命而敢或𢿋改助及內卑不守二宮者而敢有志復趙尼
及其子孫于晉邦之地者及群嘑明者𥌢君其明亟閱之麻臺非是

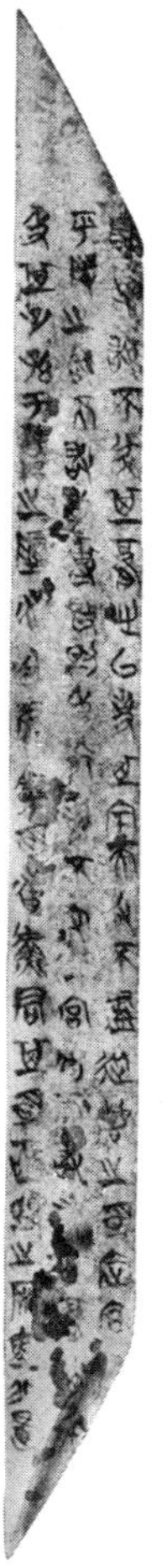

一：五一　纵一四八毫米

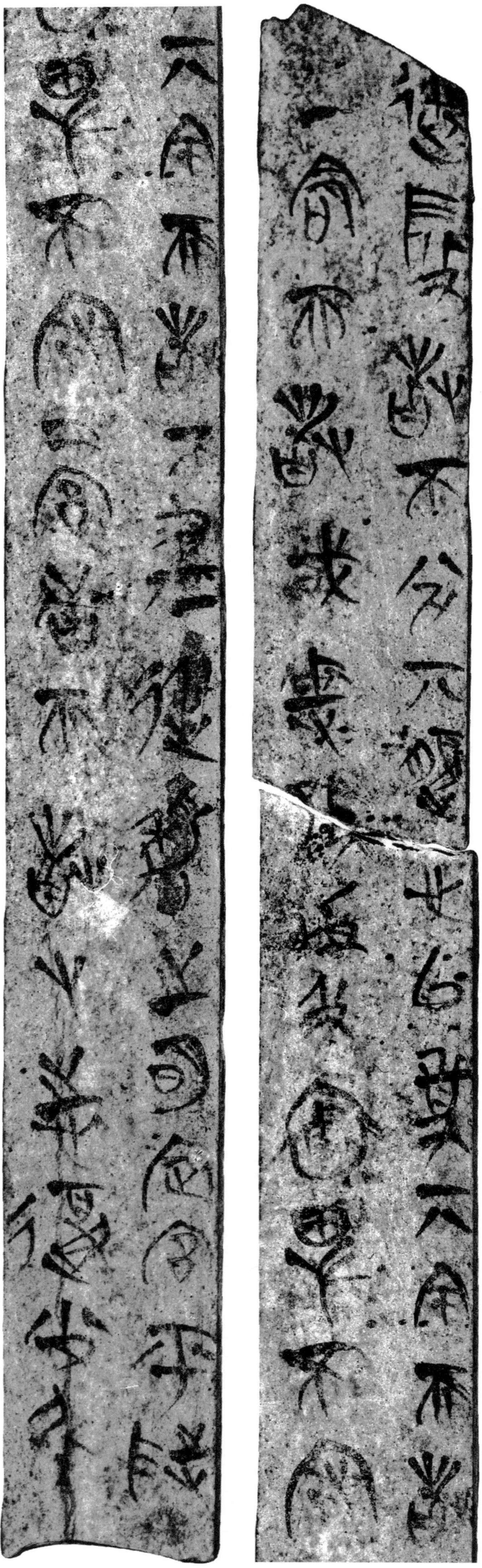

迷敳敢不閛其腹心以事其宗而敢不盡從嘉之明定宮平侍
之命而敢或鼓改助及祼卑不守二宮者而敢有志復趙尼

一：五三　纵一八八毫米

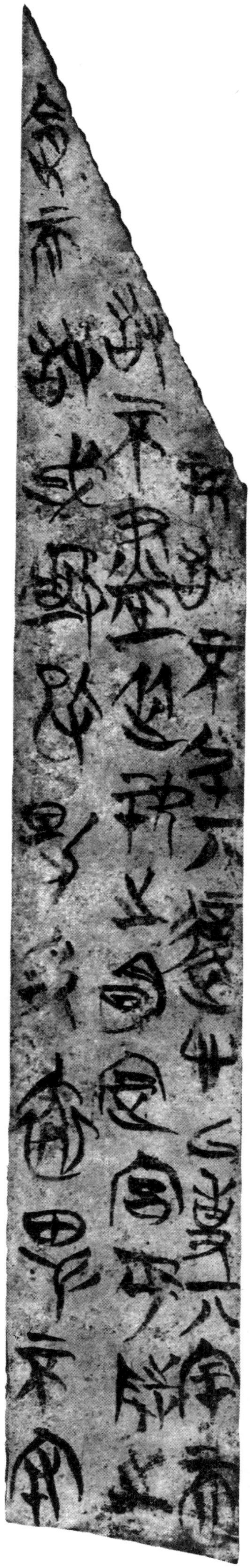

玫敢不閛其腹心以事其宗而
敢不盡從玫之明定宫平陟之
命而敢或鼓改助及奂卑不守

一：六六　纵一〇三毫米

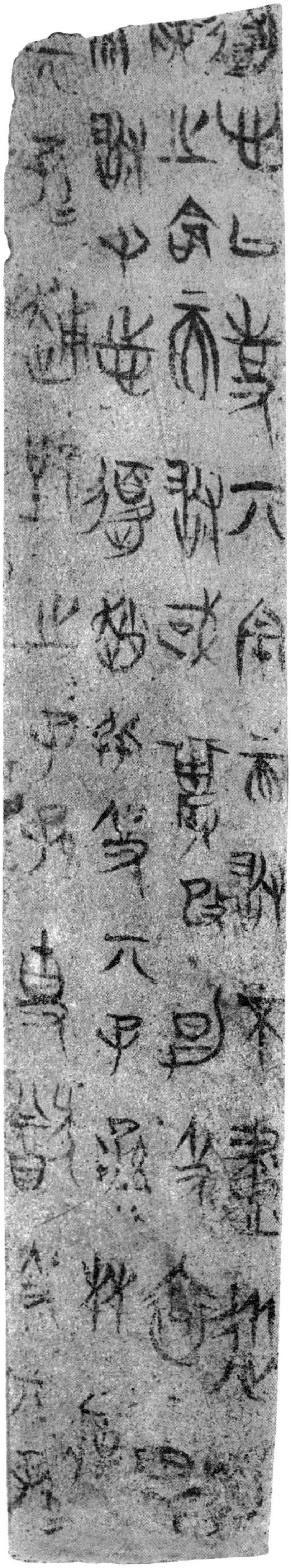

心以事其宗而敢不盡從嘉
之命而敢或鼓改助及奐卑
敢有志復趙尼及其子孫兟瘓
其子孫[illegible][illegible]之子孫史醜及其子孫

三：一七　纵一五五毫米

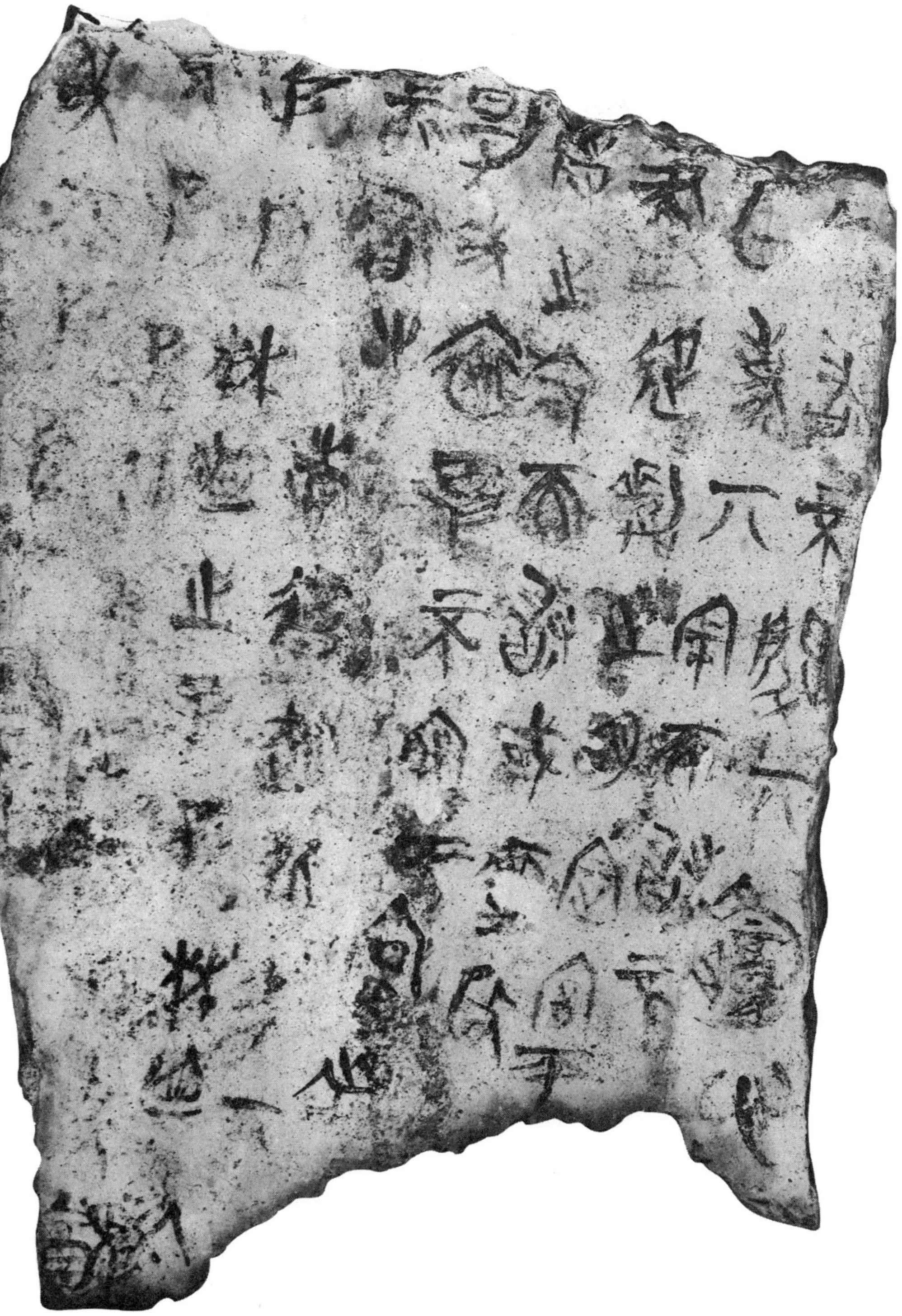

敢不閛其腹心
以事其宗而敢不
盡從嘉之明定宮平
時之命而敢或鼓改
助及奐卑不守二宮者
而敢有志復趙尼及其
子孫犹[illegible]之子孫犹直及
其子孫
及其子孫
醜

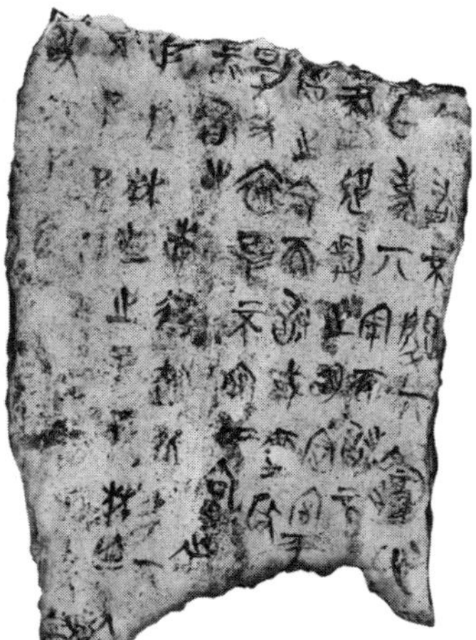

一六：七
纵六四毫米

之明定宮平畤
敢有志復趙尼
子孫史醜及其子孫
覷之麻夷非是

八五：一七　纵六三毫米

定宮平陟之命而敢或
子孫粯虒之子孫粯直
及群嘑明者盧君

八五：二八　纵七〇毫米

其腹心以

輔悳敢
而敢不盡從嘉之明定
命而敢或鼓改助及褮
二宮者而敢有志復趙尼

粦虎之子孫粦
之子孫史醜及其子孫　晉邦
及群嘼明者盧君其明亟
麻臺非是

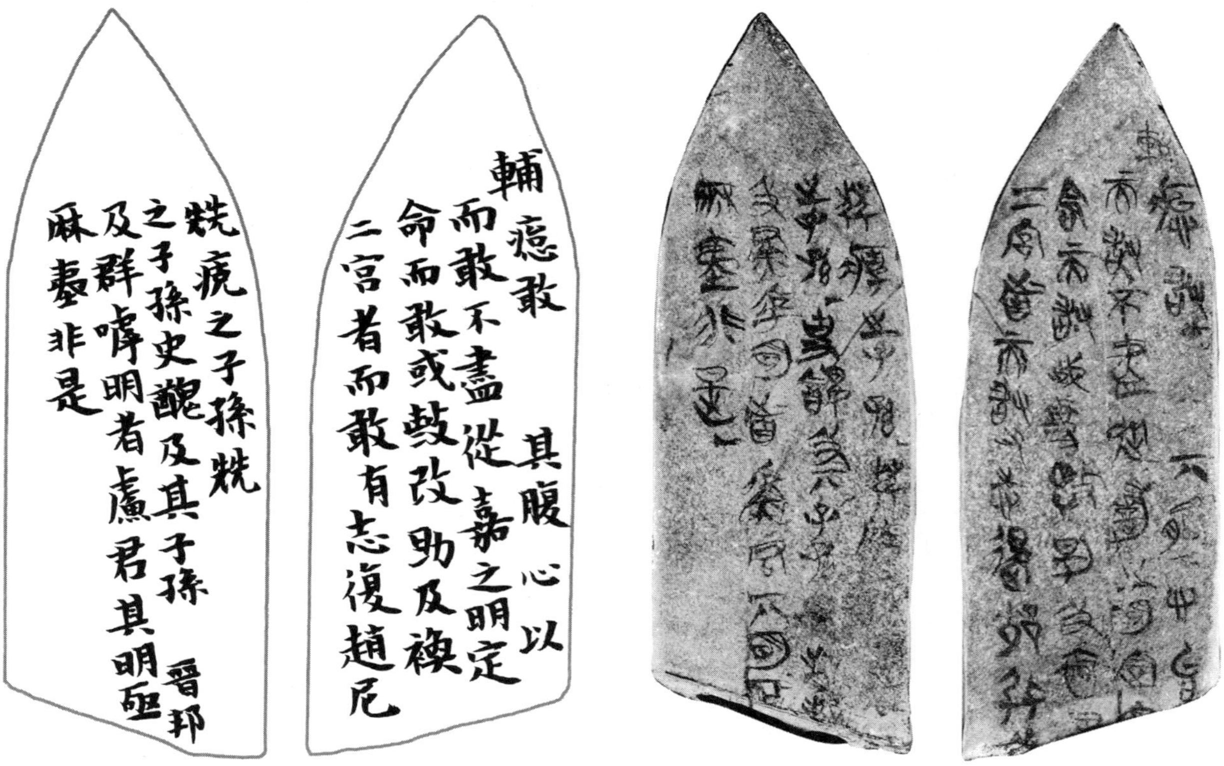

八八：一　纵一〇二毫米

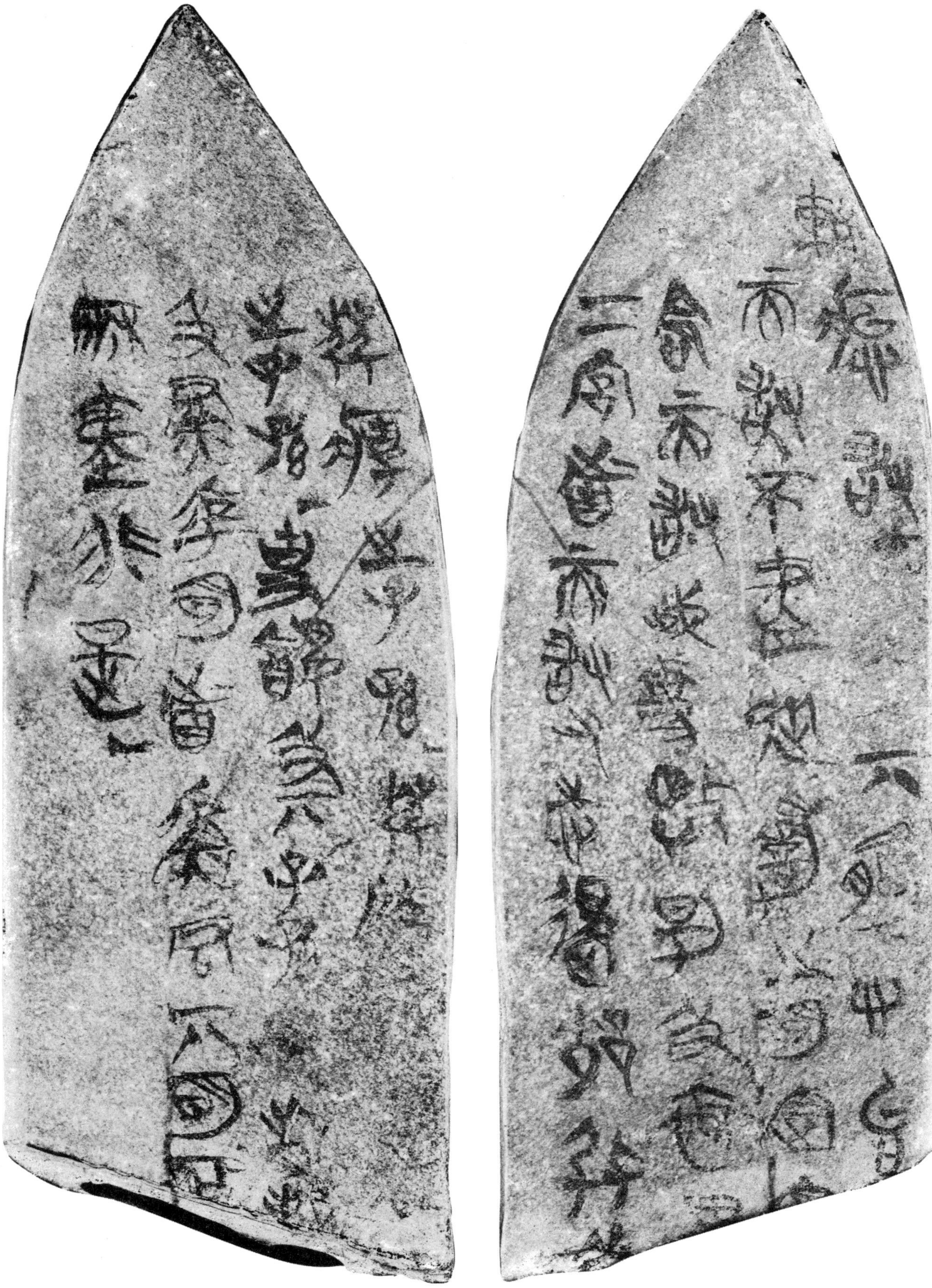

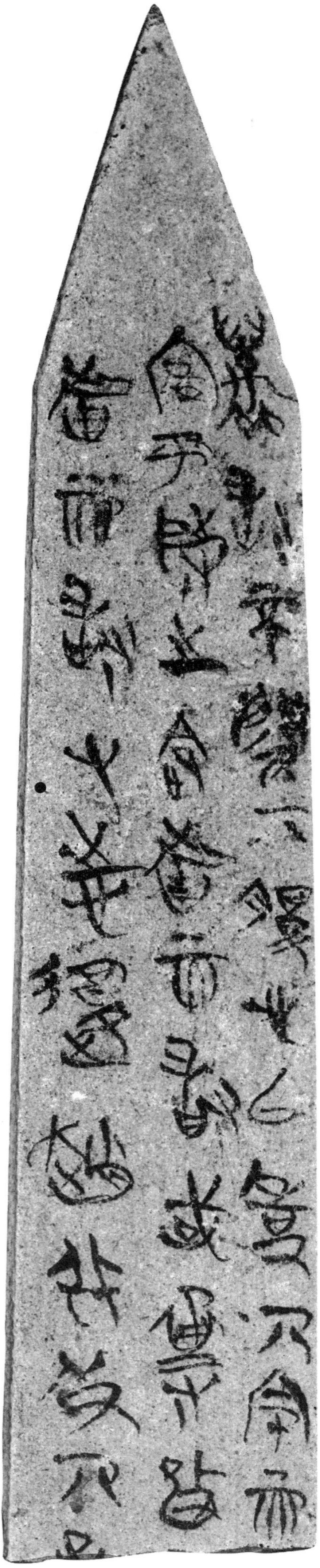

薑敢不閛其腹心以事其宗而
宮平時之命者而敢或鼓改
者而敢有志復趙尼及其

九二：二〇　纵八六毫米

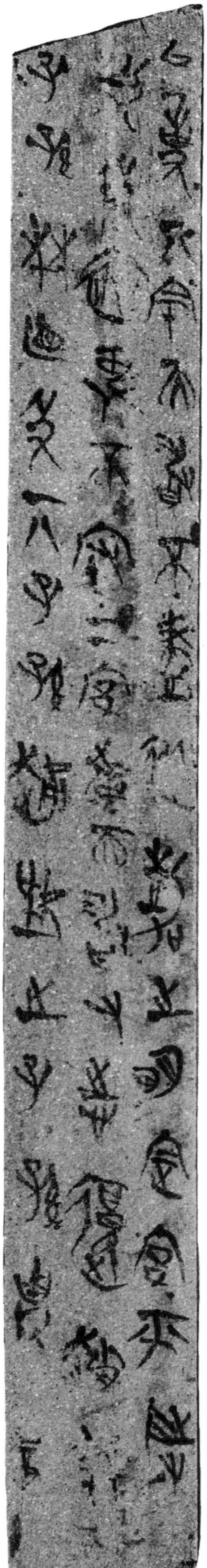

以事其宗而敢不盡從嘉之明定宮平侍
助及裹卑不守二宮者而敢有志復趙尼
子孫兟直及其子孫𧼪歇之子孫史

九八：三　纵一三九毫米

其宗而敢不盡從嘉之明定宮
鼓改助及衺卑不二宮者敢有志復
痜及其子孫兟德及其子孫　趣歆

其子孫　邦之地者及群嘑明
覭之麻夷非是

九八：六　纵一一八毫米

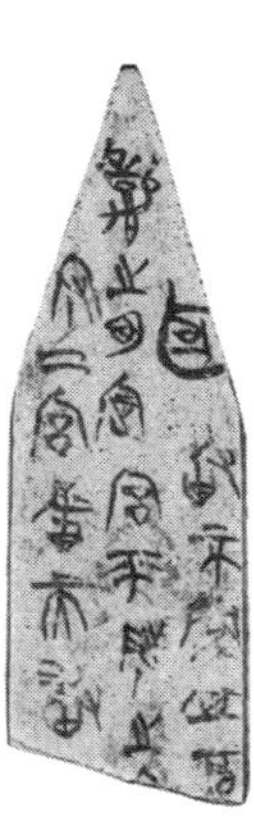

九八・八　纵五一毫米

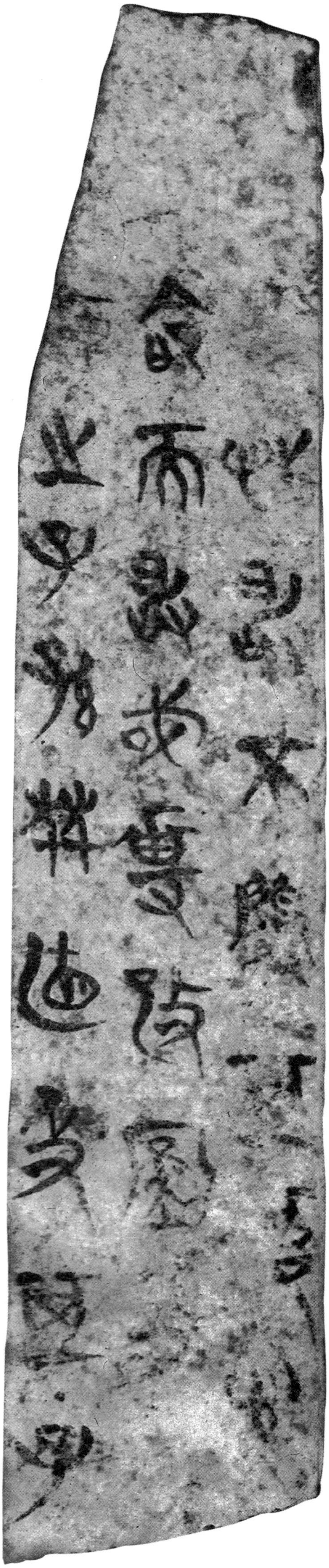

敢不閑其心
命而敢或鼓改助及
㾜之子孫兟直及其子

九八·二五　纵七〇毫米

趙敢不閛其腹心以事其宗而敢不盡從嘉之明
定宮平陟之命而敢或㪙改助及奐卑不守二宮者而
敢有志復趙尼及其子孫㹣𤸫之子孫㹣直及其子孫趙

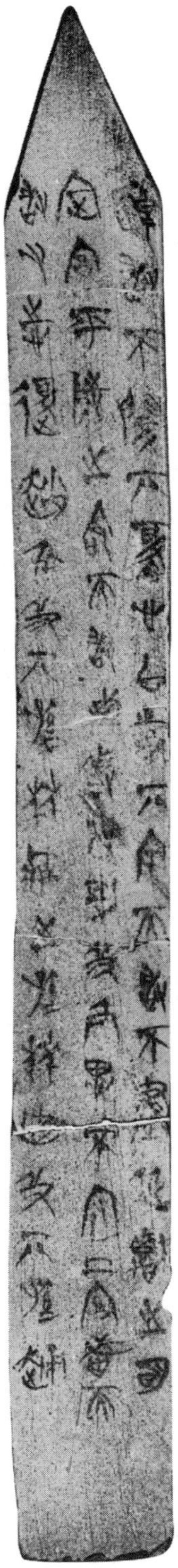

一五六・一　纵二五〇毫米

𢏚敢不閛其腹心以事其宗
宮平時之命而敢或䵂改助及
復趙尼及其子孫兟虒之

一五六・八　纵二二〇毫米

不閈其腹心以事其宗而敢不盡從
而敢或鼔改助及奐卑不守二宮者而
子孫兟痜之孫兟直及其孫趙歍之

一五六·一七　纵一一三毫米

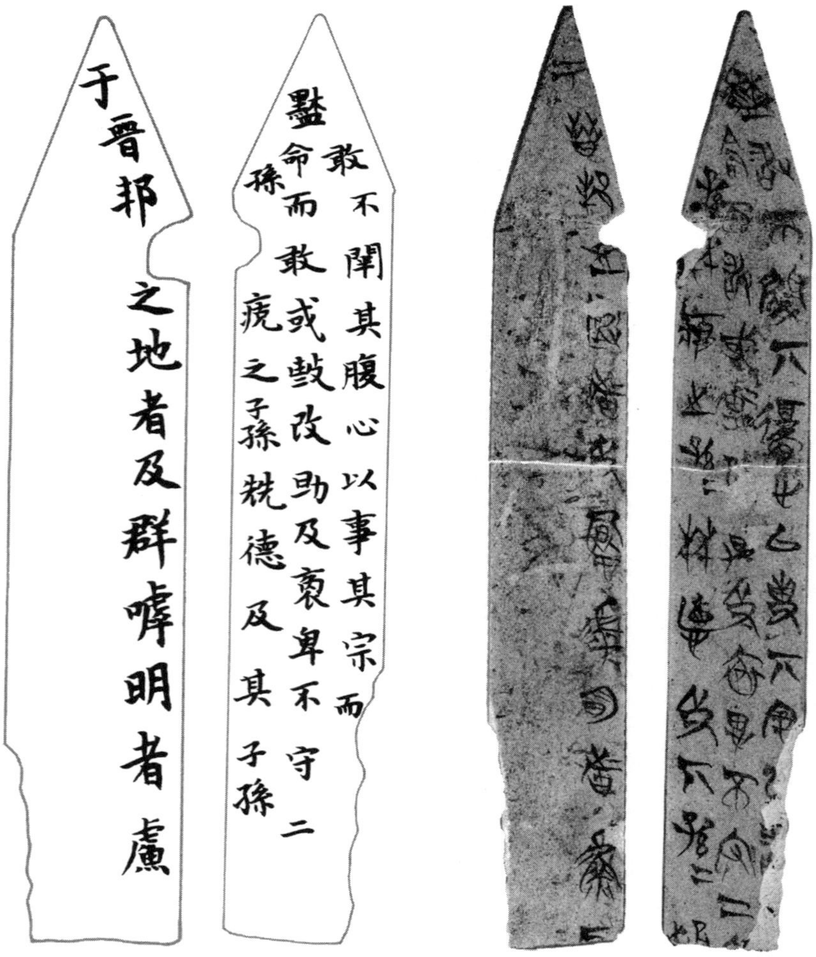

一七九·一　纵一二九毫米

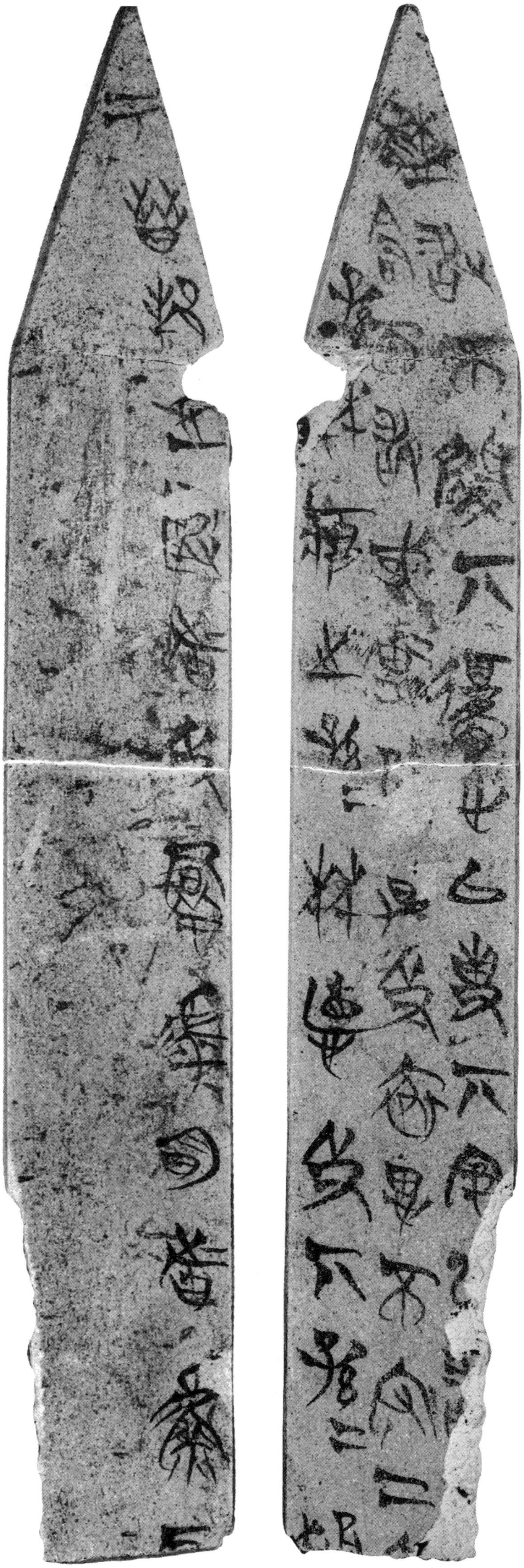

⿱竹粦敢不閈其腹心以
事其宗而敢不盡從
嘉之明定宮平跱之
命而敢或鼓改助
及奐卑不守二宮者
而敢有志復趙尼
及其子孫兟⿸疒先之子孫兟
直及其子孫⿺走甬⿰豆欠之
史醜及其子孫

一九四·三　纵五〇毫米

其子孫[illegible][illegible]之孫史醜及其子孫司
寇[illegible]之子孫司寇結及孫于晉邦
之地者及群嘑明者盧君其明
亟覛之麻夷非是

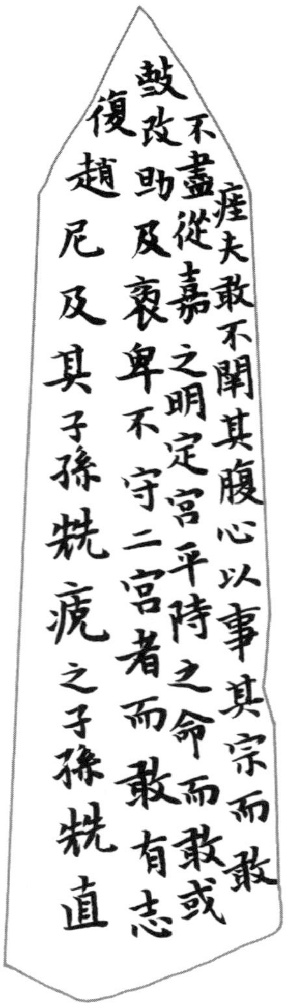
痤夫敢不閛其腹心以事其宗而敢
不盡從嘉之明定宮平陟之命而敢或
敳改助及奐卑不守二宮者而敢有志
復趙尼及其子孫兟痝之子孫兟直

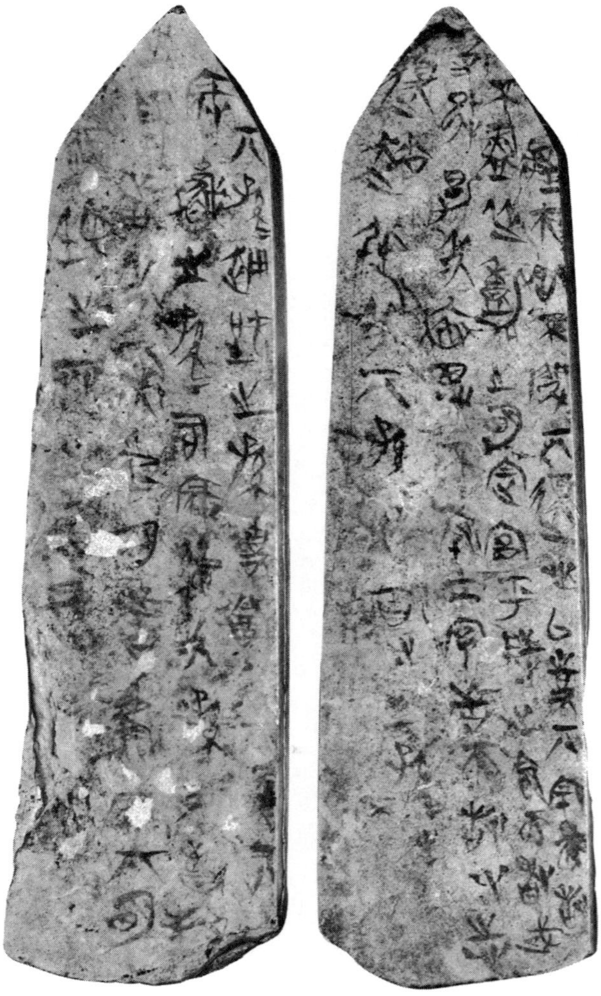

一九四·四　纵一三五毫米

醜及其子孫于晉邦之地者及群
之麻壼非是

而敢不盡從嘉之明定宮平時之命
宮者而敢有志復趙尼之子孫⿰米先⿸疒先

一九四·八　纵九八毫米

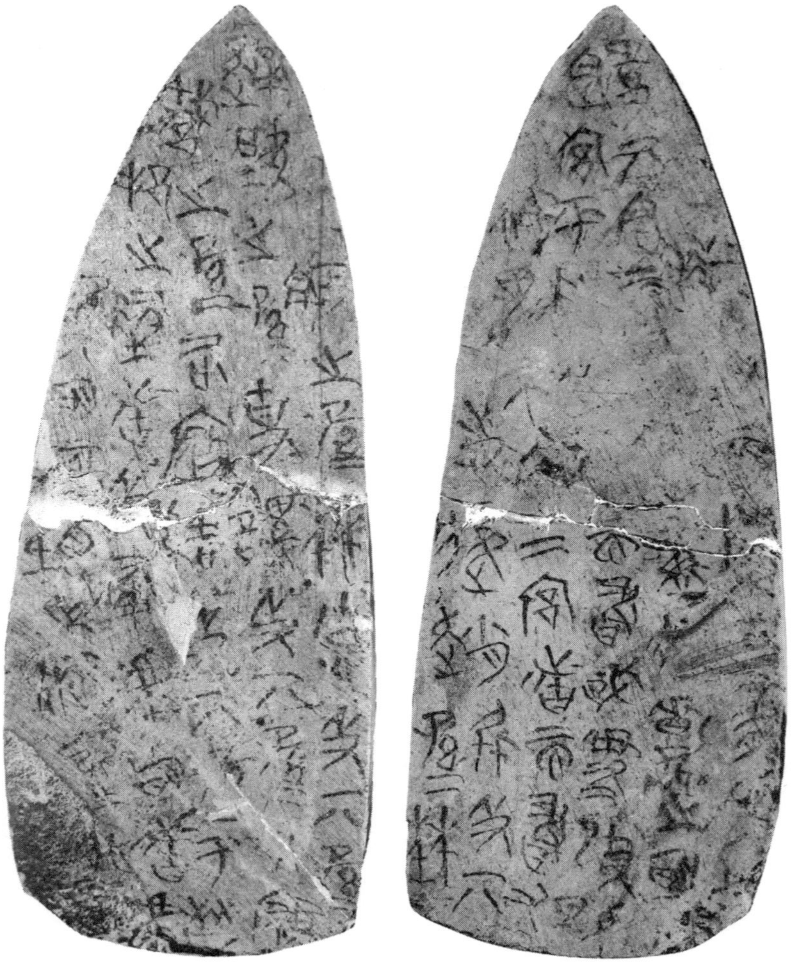

不閈其腹心以
盡從嘉之明
事其宗而
而敢或鼓改助
定宮平畤
衷卑不守二宮者而敢有
志復趙尼及其
子孫兟

疣之子孫兟德及其子孫
趙歍之子孫史醜及其子孫司寇
藏之子孫司寇結及其子孫于晉
邦之地者及群虖明者盧
君其明亟視之麻夷非是

一九五：一　纵一七五毫米

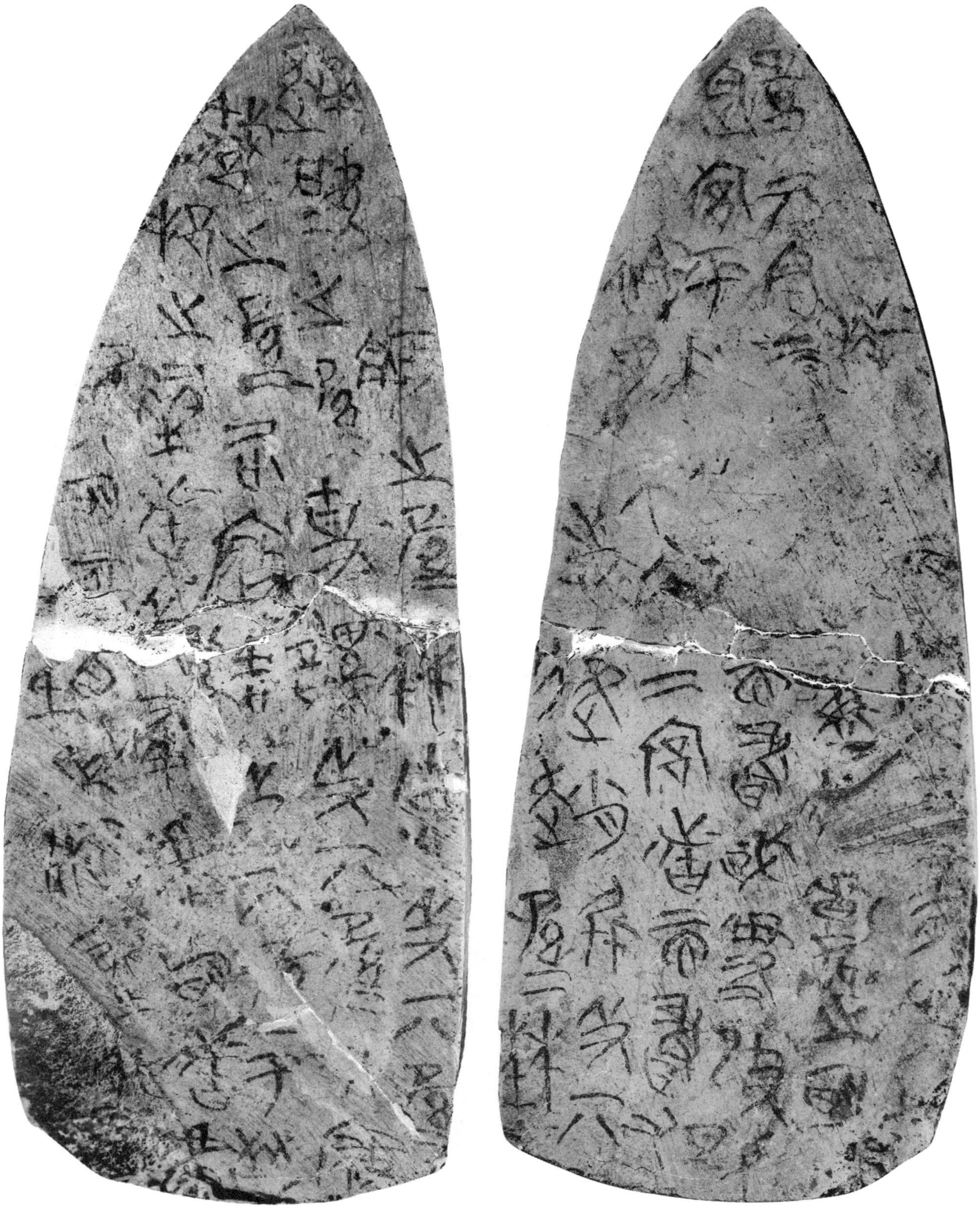

逆敢不聞其腹心以事其
定宮平時之命而敢或
者而敢志復趙尼及

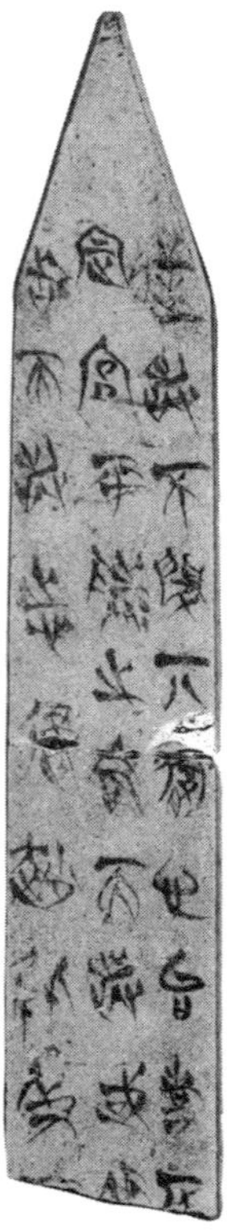

一九八·四　纵一〇三毫米

以
直父敢不閒其腹心
事其宗而敢不盡從嘉之
明定宮平⿰阝寺之命而敢或鼓改助
及奐卑不守二宮者而敢有志
復趙尼及其子孫于晉邦之地
者及群嘑明者盧君其明亟覗
之麻⿱夷土非是

二〇〇：一 纵八三毫米

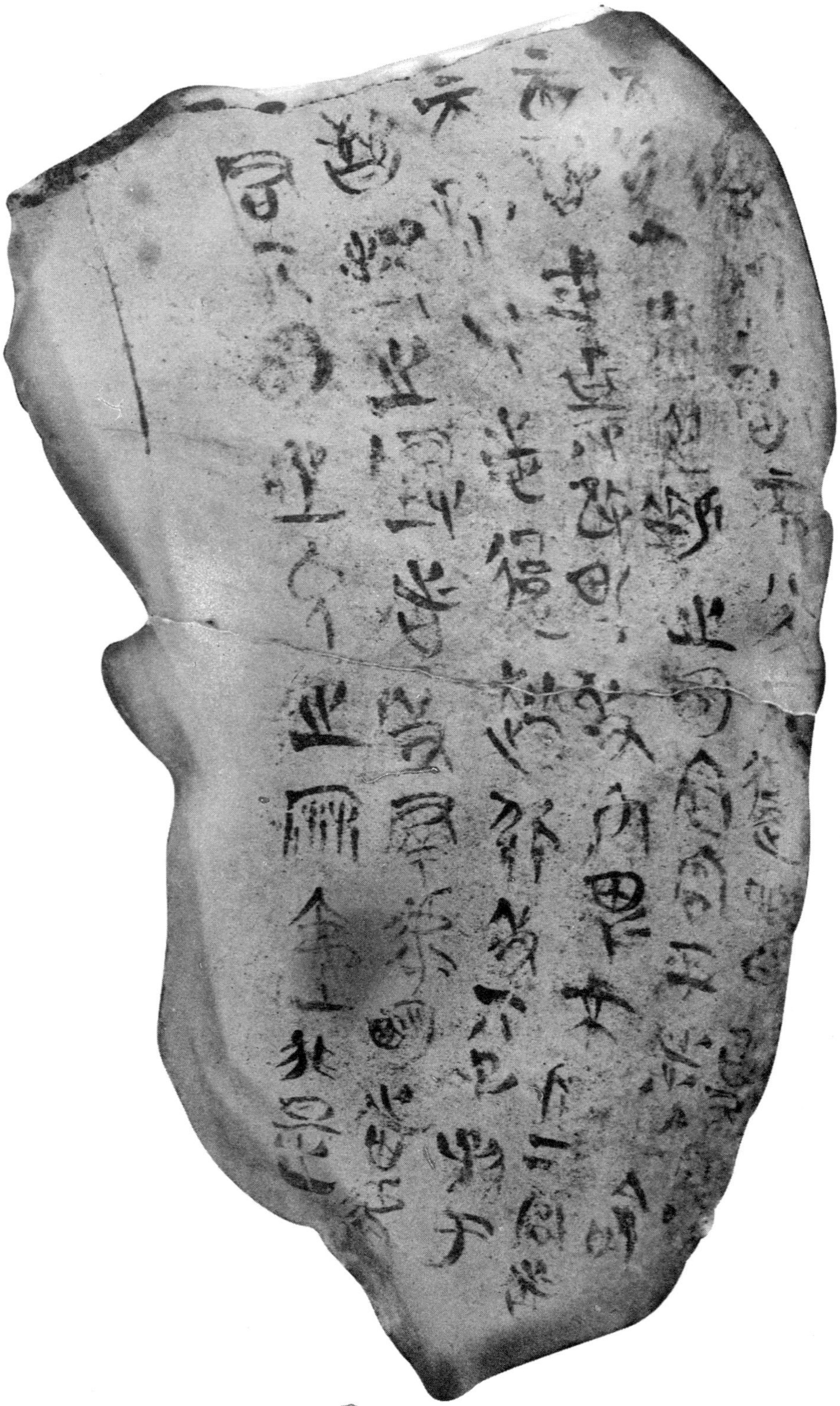

卲敢不閈其腹心以事
而敢不盡從嘉之明定宮平時之命
而敢或𢿢改助及奐卑不守二宮者
而 有志復趙尼及其子孫于
晉邦之地者及群嘑明者盧
君其明亟見之麻臺非是

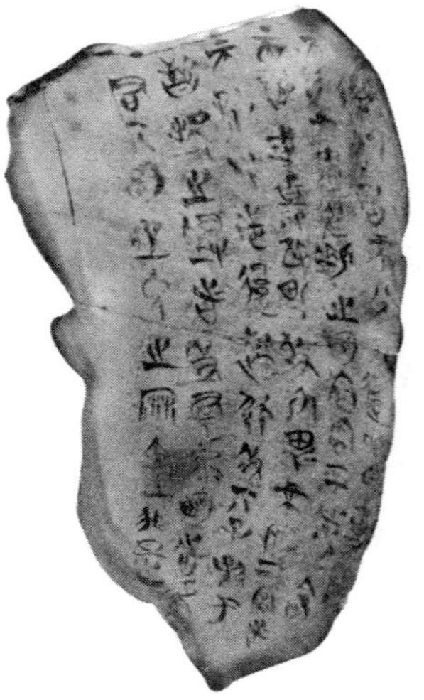

二〇〇·二二 纵六五毫米

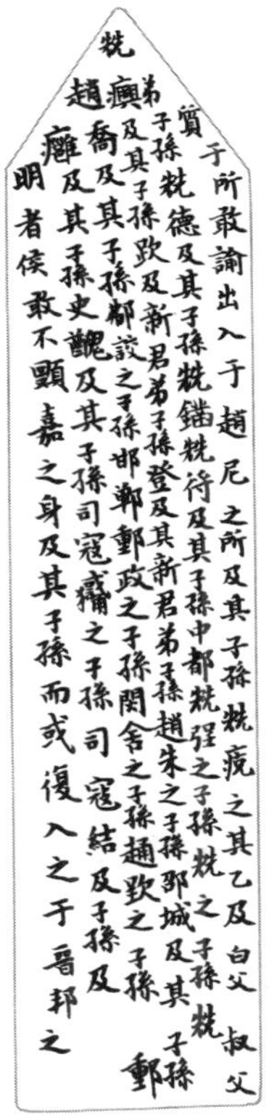
質于所敢諭出入于趙尼之所及其子孫兟痍之其乙及白父叔父
弟子孫兟德及其子孫兟鐺兟徛及其子孫中都兟程之子孫兟之子孫兟
瘨及其子孫趾及新君弟子孫登及其新君弟子孫趙朱之子孫邵城及其子孫
兟趙喬及其子孫郗詨之子孫邯鄲郵政之子孫閱舍之子孫趙趾之子孫郵
癰及其子孫史醜及其子孫司寇繡之子孫司寇結及子孫及
明者使敢不顯嘉之身及其子孫而或復入之于晉邦之

三：二一　纵一九一毫米

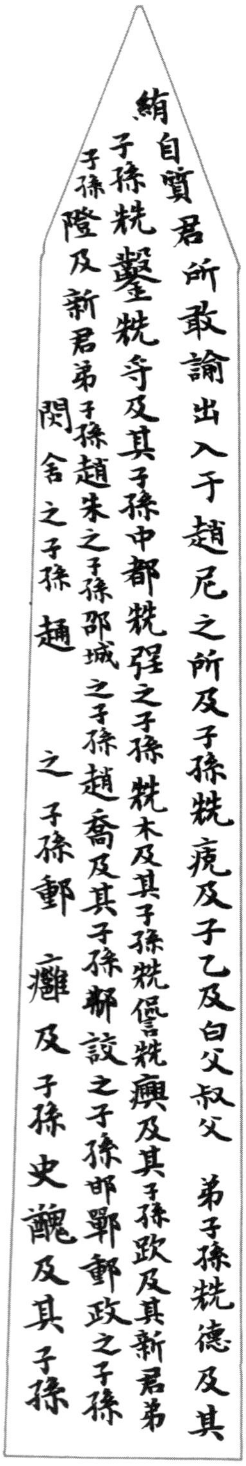

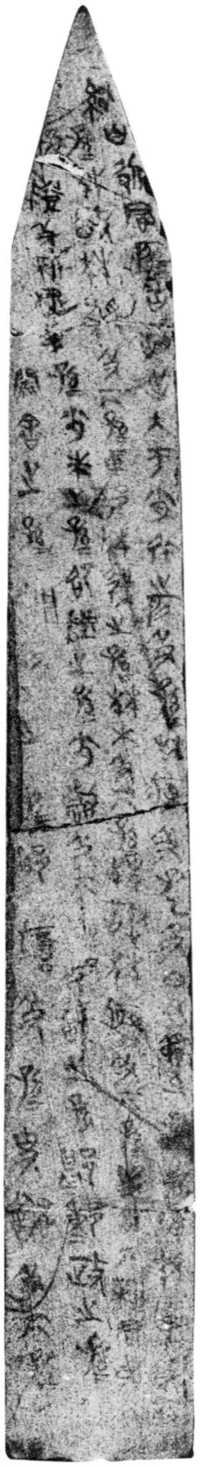

一五六・一九　纵三一八毫米

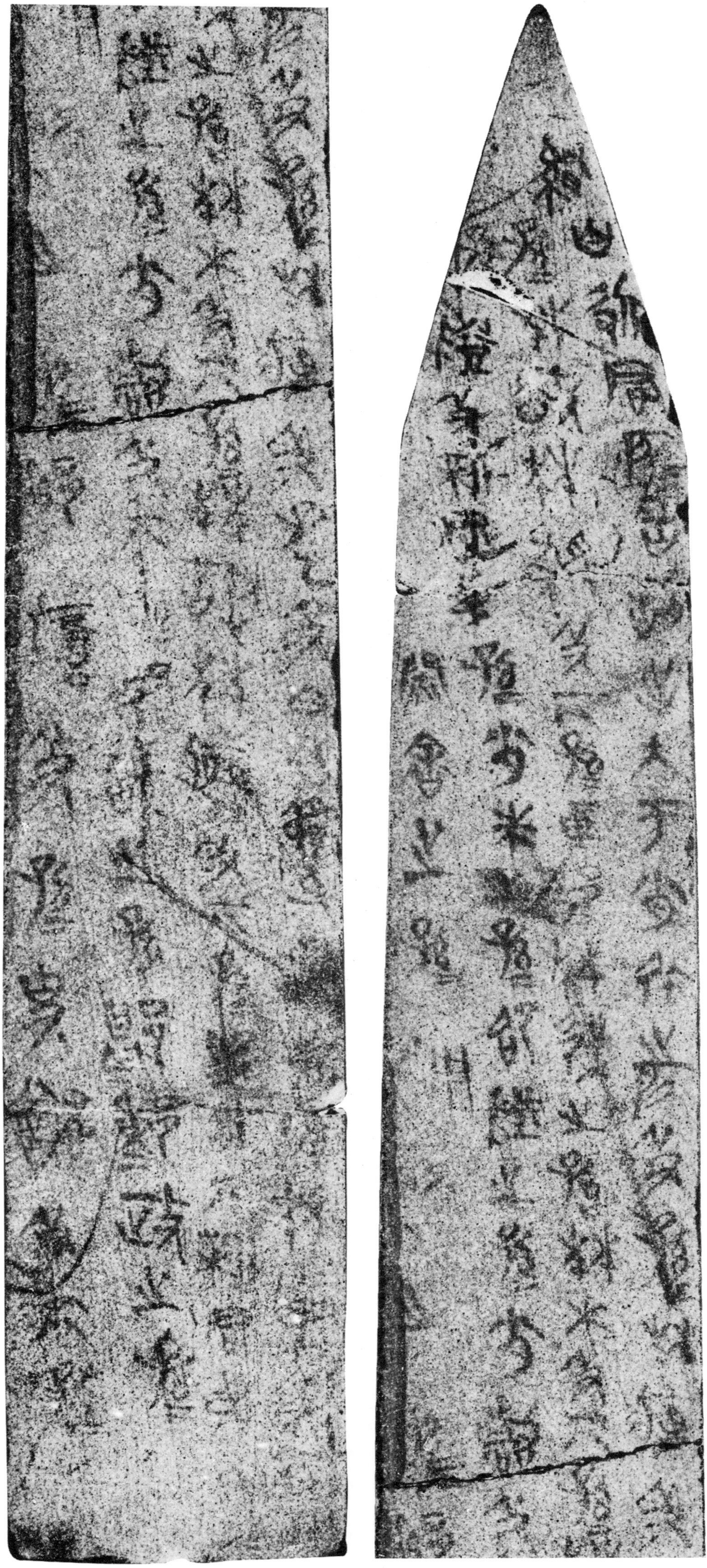

𥁕章自質于君所敢俞出入于趙尼之所及子孫兟痝及其子乙及其白父叔父 弟子孫
兟直及其子孫兟錙兟椅之子孫兟[亻+譽]兟[疒+興]之子孫中都兟[弓+呈]之子孫兟木之子孫[足+攵]及新君弟子孫隥及新君
弟子孫趙朱及其子孫趙喬及其子孫郗詨之子孫邯鄲郵政之子孫閔舍之子孫[走+甬][至+欠]之子孫史醜及其子孫郵癰
及子孫邵城及其子孫司寇[犭+甬]之子孫司寇結之子孫及群嘑明者章顯嘉之躳 及子孫

一五六·二〇　纵二七五毫米

林自質于君所敢諭出入于趙尼之所及其子孫粯⿸疒先之子乙及其白父叔父兄弟子孫粯直及

其子孫粯鐳粯夺及其子孫中都粯⿰弓呈之子孫粯木之子孫粯⿰亻⿱口言粯⿸疒興及其子孫⿰足欠及其新君弟子孫隥及

其新君弟子孫趙朱之子孫邵城及其子孫趙喬及其子孫郗詨之子孫邯鄲政之子孫閱舍之

子孫⿺走甬⿰豆欠之子孫郵廱及其子孫史醜及其子孫司寇⿱戈⿰角甫之子孫司寇結及其子孫

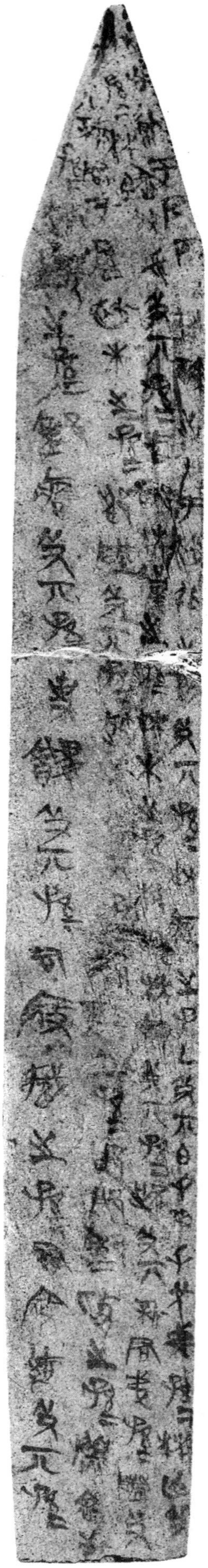

一五六・二一　纵二五八毫米

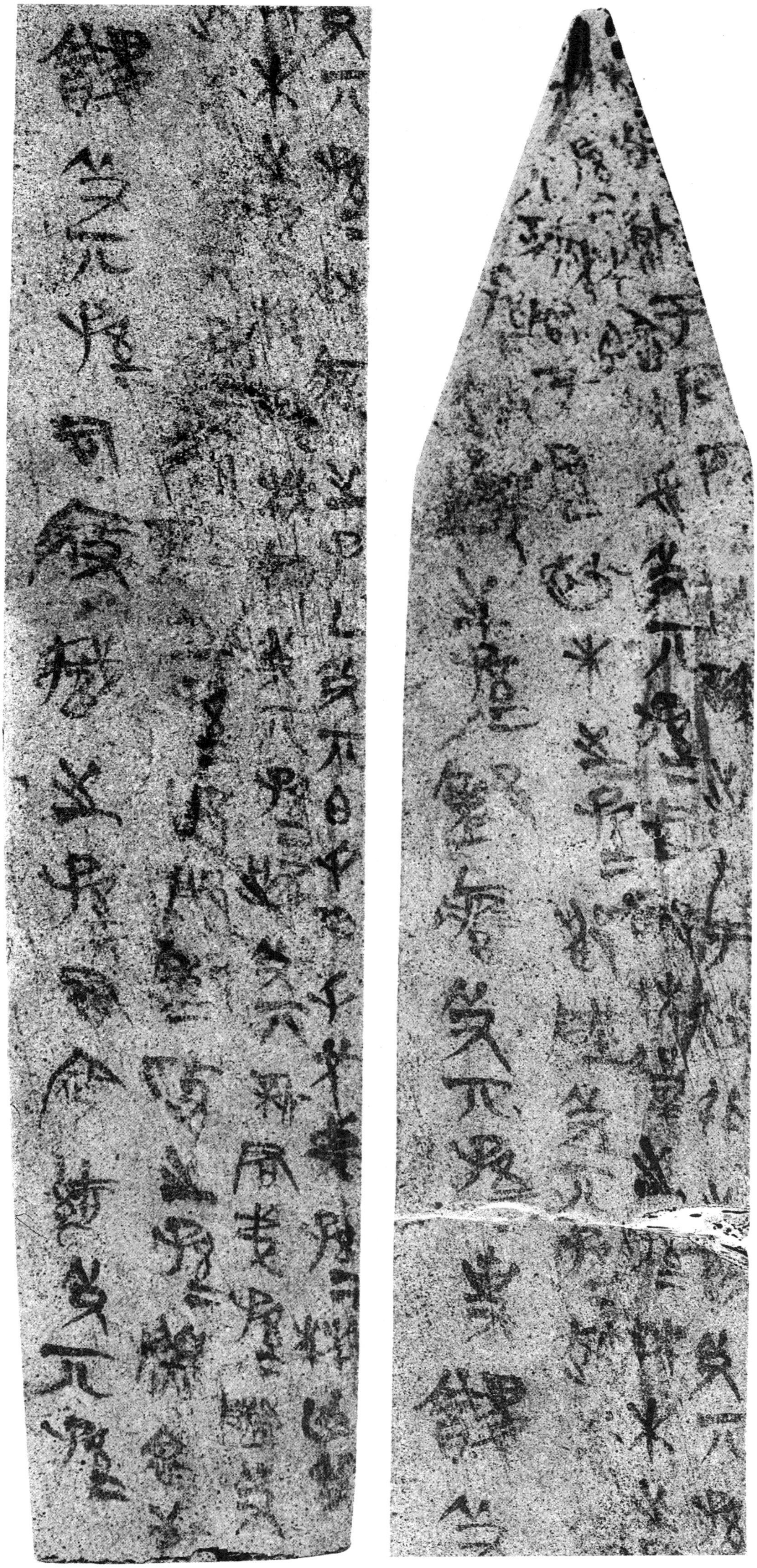

自質于君所而敢俞出入
其子孫⿰米先鑿⿰米先　及其子孫中都⿰米先⿰弓呈之子
弟子孫趙朱之子孫邵城之子孫趙喬及其子孫都詨
歜之子孫郵二爑及其子孫史醜及其子孫司寇⿹戈⿰犭畐之子孫司寇

之身及其子孫而或復入之于晉邦之地者
所敢不巫覡祝史歔綐繹　之于
行道而弗殺⿱虍魚君其明亟

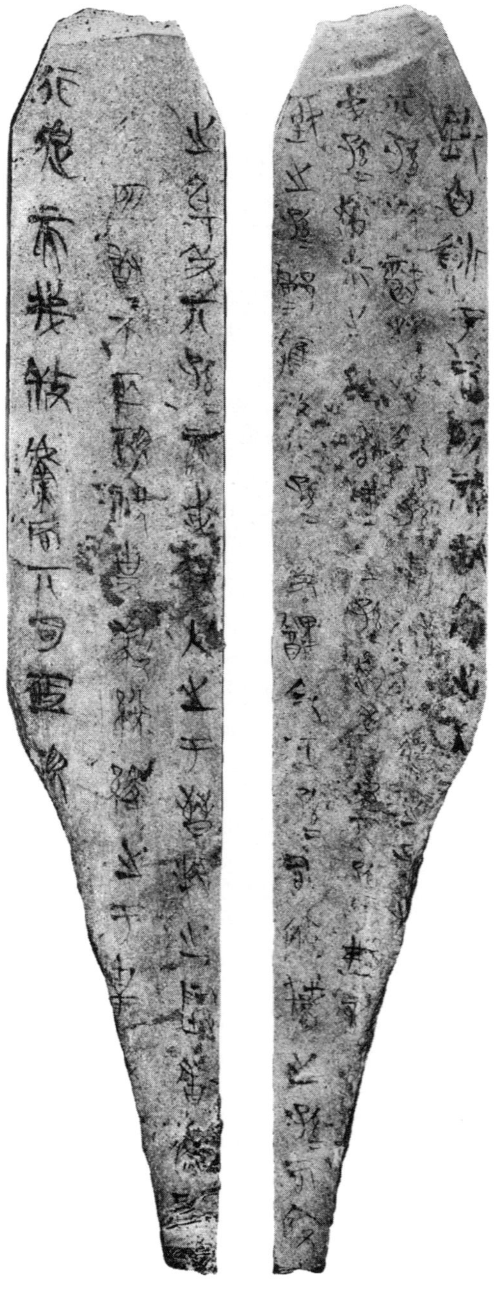

一七九·一四　纵一七四毫米

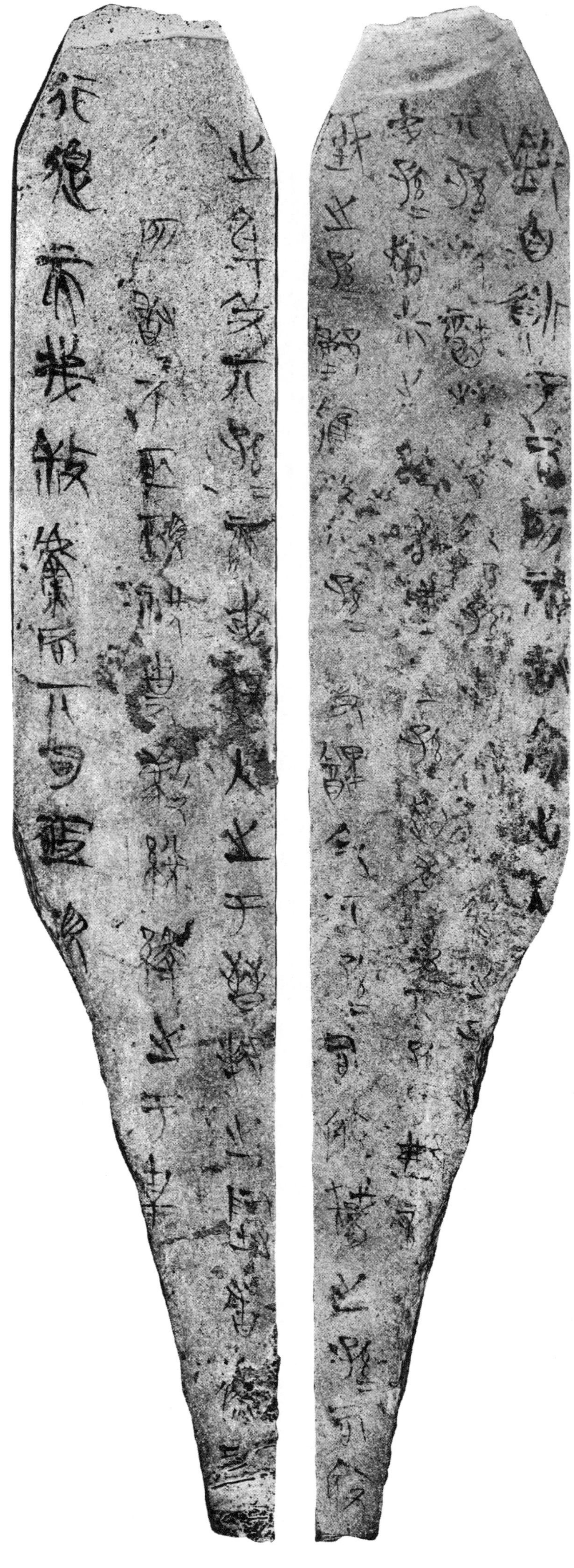

自今以往敢不𨗨從此明質之言尚敢
婚宗人兄弟内室者而弗執弗獻不顯晉公
亟覛之亡夷 非是麻

六七·四 纵一六九毫米

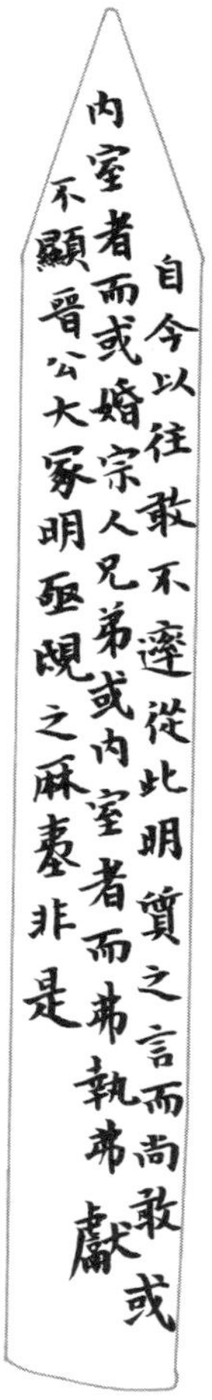
自今以往敢不逵從此明質之言而尚敢或
內室者而或婚宗人兄弟或內室者而弗執弗獻
不顯晉公大冢明亟覘之麻夷非是

六七·六　纵一四六毫米

自今以往敢不從此明質之言而尚敢内室或婚宗人兄弟

執弗 公 明亟覛之亡夷非是

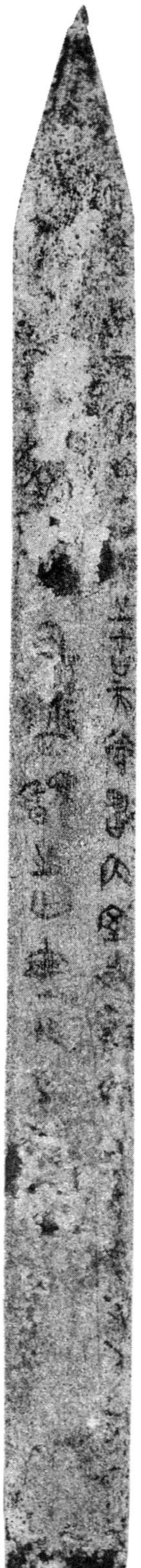

六七·二〇 纵二一三毫米

简介

新田是晋国最后的都城，在今山西侯马。一九六五年侯马盟誓遗址发掘了埋葬有牛、羊、马等牺牲的祭祀坑三二六座，其中盟书坑四二座，出土了书写朱书盟辞玉石片一五〇〇余件。

春秋时期盛行『盟誓』，『盟书』也称『载书』，一式两份，一份藏于盟府，一份埋于地下或沉入水中。侯马盟书是迄今所见中国古代最早用毛笔书写并且篇章完整的公文。内容主要有三大类：宗盟类，也称主盟类，指同姓同宗的人举行盟誓；委质类，也称委誓类，是把自己抵押给某个人，一生永不背叛；内室类，『内』同『纳』，『室』包括人口和财产，内室就是把别人的『室』夺取过来归为己有，参盟人自己不『纳室』，也要反对和声讨宗族兄弟们中间的这种行为，否则甘愿接受诛灭的制裁。一九七六年文物出版社出版的《侯马盟书》，临摹发表六五六件，考订盟誓时间为公元前四九六年前后，主盟人晋国卿大夫赵鞅在索取『卫贡五百家』的事件中，为团结宗族，打击赵尼等政敌而举行盟誓活动。

侯马盟书在中国书法艺术史上也有很高的地位。张颔先生指出『侯马晋国盟书文字和西周早期周王朝铜器上的官方文字在字形和风格上已经有了很大的变化』，『像这种东周晚期的文字一方面存在着对殷、西周文字承袭的迹象，一方面又表现了晋国一种区域性风格和体例』。侯马盟书文字的体例、结构表现出了文字早期使用时的『混乱现象』，大体有以下四个方面：一、偏旁随意增损；二、部位游移，繁简杂侧；三、义不相干，滥为音假；四、随意美化，信笔涂点。这四个『混乱现象』，正是侯马盟书的特点。

张守中先生除编写侯马盟书外，也负责临摹盟书标本，他通过大量的书法实践，总结出侯马盟书的书法艺术特色为形体古雅、变化繁多，属大篆体系；笔法特点为运笔出锋、回勾笔意、科斗笔法。他也是『盟书体』书法艺术的倡导者。

为了全面提高人们对侯马盟书的书法艺术价值的认识，侯马盟书文化研究会精心选编了三十九件侯马盟书，即：宗盟类三十一件、委质类五件、内室类三件，保持《侯马盟书》一九七六年版的释文，以『盟书体』字帖的形式出现，诚邀爱好书法的朋友们『加盟』，一起练习书写、欣赏侯马晋国盟书文字和文化！

侯马盟书文化研究会

二〇二〇年九月一日